A PROPOS

DE

ROC-AMADOUR

MON PORTRAIT

PAR

M. l'Abbé CHASTRUSSE

DIRECTEUR DE

La Croix de la Corrèze

DEUXIÈME ÉDITION

AVEC NOTES SUPPLÉMENTAIRES

BRIVE

IMPRIMERIE ROCHE, 27, AVENUE DE LA GARE

1904

MON PORTRAIT

PAR

M. l'Abbé CHASTRUSSE

Directeur de la Croix de la Corrèze

A PROPOS

DE

ROC-AMADOUR

MON PORTRAIT

PAR

M. l'Abbé CHASTRUSSE

DIRECTEUR DE

La Croix de la Corrèze

DEUXIÈME ÉDITION

AVEC NOTES SUPPLÉMENTAIRES

BRIVE
IMPRIMERIE ROCHE, 27, AVENUE DE LA GARE
—
1904

AVANT-PROPOS

Dans une discussion que j'ai eue avec l'honorable M. l'abbé Chastrusse, directeur de La Croix de la Corrèze, *à propos d'un ouvrage que je viens de faire paraître sur le célèbre pèlerinage de Roc-Amadour, je ne m'attendais pas à ce que l'on voulût m'entraîner sur le terrain des mots grossiers et des injures. Je ne suivrai donc pas mon docte adversaire sur ce champ de bataille que doit éviter tout homme qui a tant soit peu le respect de soi-même. Il y a des défaites qui honorent mieux que certaines victoires ; je me déclare vaincu.*

Voici un spécimen des affabilités dont M. l'abbé Chastrusse a bien voulu me gratifier dans son journal La Croix, *le 3 avril 1904, le jour de Pâques, fête de réjouissance dans l'Eglise catholique : chacun se réjouit à sa manière : les uns en priant, les autres en insultant leur prochain.*

Pour avoir eu l'audace d'affirmer que le corps d'un saint ne pouvait se trouver en même temps à deux endroits différents ; pour avoir parlé de certaines questions se rattachant à l'apostolat de saint Martial au IIIe *siècle : Je ne suis pas un « contradicteur sérieux ».*

*« M. Rupin, est-il dit ensuite, met son nom sur de gros livres, se donne à lui-même l'*Imprimatur, *— il a le goût de la réclame, — il n'a pas*

de scrupules, — c'est un bourdon universel; — on peut s'imposer de relire sa lettre comme dernière pénitence de carême. — M. Rupin est lourd, incohérent, inepte, — on dirait qu'il est tombé en enfantillage. — Je suis aussi d'une probité douteuse — d'une monumentale nullité. — J'ai commis des inexactitudes, des altérations de textes, des manques de loyauté, des inepties, — j'ai des prétentions à l'infaillibilité, — je suis assommant. — Je fais penser au classique docteur Pancrace, à la fatuité pédante et irascible. — Je fais des livres jolis sinon beaux, — Je travaille pour les gogos, — on n'éprouve que de la pitié pour moi. — Je suis un Loriquet en veston. — Comme historien je serais plutôt de ceux qu'on a appelés les gâte-sauces de l'histoire — je ne connais que la réclame des gros sous et celle de la gloriole ; — je suis un veau ».

Il ne manquait plus qu'à ajouter que je suis encore un voleur, un assassin et un faussaire, et on aurait de moi un portrait complet, sinon ressemblant, du moins, par ma foi, bien réussi.

Il est vrai qu'on m'a assuré, qu'au grand séminaire de Tulle, M. l'abbé Chastrusse était l'aigle de sa promotion. Mais alors, comment, avec un si grand génie, qui fait la gloire de l'établissement où il a été élevé, tombe-t-il avec tant d'acharnement sur un pauvre insecte comme moi : Aquila non capit muscas.

Mais, Monsieur l'abbé, le pauvre insecte, qui vous redoute beaucoup, vous dira bien timidement : Rabaissez votre caquet; il y en a encore de plus forts que vous. L'épître que vous lui avez envoyée est bien pâle à côté des aménités adressées par le moine Adhémar de Chabannes à son contradicteur Benoît de Cluses, en 1028, au fameux Concile de Limoges, où fut discutée avec tant de véhémence la question de l'apostolat de saint Martial. Il va vous donner un échantillon de ce langage édifiant ; vous y trouverez vraisemblablement quelques nouveaux termes avec lesquels vous l'anéantirez cette fois, d'autant plus facilement qu'il ne vous répondra pas. Le voici :

« Vieux serpent; — vous n'êtes pas un moine, mais « un diable ; — faux prophète ; — loup rapace ; — « bouche inondée de vin, bien plus, abreuvée par « le venin du serpent ; — chien aboyeur ; — homme « maudit, plutôt que moine, vomissant des blas- « phêmes horribles, sifflant comme un serpent « rusé ; — hérésiarque ; — antéchrist encapu- « chonné ; — tête de serpent qui, en se redressant, « montre son cou à écailles de dragon ; — langue « que l'on devrait arracher et jeter à des chiens ; « — Satan ; — bouche fanfaronne remplie de venin ; « etc..., etc... »

« Ah ! je me suis bien trompé », s'écrie ensuite le moine Adhémar en parlant de son confrère, « quand « je n'ai pas reconnu dans l'agneau, un loup ; « dans le poisson, un dragon ; dans l'anguille, « une couleuvre ; dans la brebis, une lionne ; dans « le bélier, un lion ; dans un moine, un Mani- « chéen ; dans un chrétien, un antéchrist ; dans « un homme, un démon. » (Patrologie Latine, *t. CXLI, col. 89-112, passim.*)

M. l'abbé Chevalier fait remarquer, dans son ouvrage sur Les Origines de l'Eglise de Tours, *« que le vocabulaire d'Adhémar n'est pas tout à « fait abandonné aujourd'hui, quand il s'agit « de l'apostolicité de nos Eglises, et qu'il se résume « principalement en deux mots :* Janséniste *et «* Voltairien. »

Je ne pense pas, M. Chastrusse, que vous osiez

me donner l'épithète de janséniste ; *vos amabilités à mon égard ayant été placées sous le couvert d'un Christ qui sent quelque peu le jansénisme et qui figure en tête de votre journal, (passons, il est avec le ciel des accommodements), mais il vous sera facile de m'appliquer encore celle de* voltairien. *Comme je ne vous répondrai pas, quel nouveau triomphe pour vous !*

Voici donc toutes les pièces de la polémique, telles qu'elles ont paru dans le journal La Croix. *On n'a pas voulu discuter la question de fond ; pour m'écraser, on a préféré adopter celle de la plaisanterie, j'ai accepté ; on se place maintenant sur le terrain des injures, je me retire.*

Ernest RUPIN.

POLÉMIQUE

Soulevée par M. l'abbé CHASTRUSSE

Directeur de *La Croix de la Corrèze*

A BRIVE

Au sujet de l'ouvrage publié par M. Ernest RUPIN

Sur *ROC-AMADOUR*

Ouvrage couronné par l'Institut (Académie des Inscriptions et Belles-Lettres)

(Extrait du journal *La Croix de la Corrèze*
N°s des 27 mars et 3 avril 1904)

I

Lettre ouverte à M. le Directeur

de la « Croix de la Corrèze »

Monsieur le Directeur,

Dans le numéro du 20 mars 1904, de votre journal, vous avez bien voulu reproduire le compte-rendu d'une conférence faite à Paris, au sujet d'un ouvrage que je viens de faire paraître sur le célèbre pèlerinage de Roc-Amadour, et je vous en remercie. Mais vous avez ajouté une phrase que je ne puis laisser passer sous silence. Vous faites, dites-vous, « des réserves sur les conclusions du livre de M. « E. Rupin, qui, paraît-il, trop esclave de sa passion « du *document*, n'accorde peut-être pas à la tradi- « tion orale tout le crédit qu'elle mérite »

Cette appréciation étant lancée par la voie de la presse, c'est par la voie de la presse que je crois devoir y répondre.

D'après vous, il existerait une tradition orale et il est nécessaire de la respecter. La tradition à laquelle vous faites allusion assure que saint Amadour ne serait autre que le Zachée de l'Evangile. Je vous ferai remarquer que pour qu'une tradition soit digne de quelque respect, il faut qu'elle soit antique et ininterrompue. Dans l'espèce, vous auriez vu, si vous aviez lu mon ouvrage, que la tradition en question n'est pas antique, car elle est postérieure à des documents écrits avec lesquels elle est en contradiction, et qu'elle ne date que du xve siècle ; or, le xve siècle est tout moderne quand il s'agit des faits de l'histoire évangélique. Elle n'est pas non plus ininterrompue, car, sans cesse vacillante dans les livres liturgiques, elle n'a jamais pu s'asseoir sur un fondement assuré et ne repose que sur une bulle de Martin V que l'on a complètement dénaturée, peut-être *pro pietate*, et dont je donne au surplus le texte exact qui m'a été envoyé par Mgr Wenzel, l'éminent archiviste du Vatican. Les variations de cette légende dans les bréviaires de Cahors suffisent seules pour la condamner.

Roc-Amadour, s'appuyant sur l'autorité de la dernière édition de son bréviaire et sur celle de ses évêques, prétend posséder le crâne de Zachée qui ne serait autre qu'Amadour.

Levroux, dans le Berry, s'étayant de preuves analogues, affirme de son côté que lui seul est en possession du véritable crâne de Zachée, qui n'est autre que le saint vénéré dans le pays sous le nom de Sylvain, et sa prétention a été confirmée par Mgr de La Tour d'Auvergne.

Peut-on admettre que le crâne d'un même personnage soit en même temps à deux endroits différents ? bien que dans chacun de ces diocèses on l'offre comme tel à la vénération des fidèles ! Voilà pourtant la tradition de chacune de ces localités, et c'est cette tradition que vous me reprochez de ne pas avoir voulu suivre ! Ce serait fort de la soutenir, bien que j'aie vu encore plus fort près de Jaka, en Espagne, où, moyennant la somme de deux pesetas, on m'a montré la tête de sainte Rosalie âgée de huit ans et la tête de cette même sainte lorsqu'elle avait atteint sa dix-huitième année !

En écrivant l'histoire de Roc-Amadour, je me suis scrupuleusement conformé aux sages préceptes donnés par Léon XIII dans sa *Lettre sur l'Histoire* du 18 août 1883. C'est à l'étude des sources et non à celle des traditions, c'est à l'examen des documents originaux que le pape convie les historiens : « A de maigres narrations qu'on substitue des investigations laborieuses et conduites à maturité ; qu'on oppose aux arrêts téméraires un jugement prudent ; aux opinions frivoles une critique savante. *Il faut énergiquement s'efforcer de réfuter les mensonges et les faussetés en recourant aux sources ; ayant surtout présent à l'esprit que la première loi de l'histoire est de ne pas oser mentir, la seconde de ne pas craindre de dire vrai* ; en outre que l'historien ne prête au soupçon ni de flatterie, ni d'animosité ».

J'ai donc interrogé les documents historiques en toute sincérité ; je n'ai pas osé mentir : je n'ai pas craint de dire la vérité. Roc-Amadour est assez glorieux par lui-même pour pouvoir se passer de légendes apocryphes ou problématiques ; l'en dépouiller, c'est servir la vérité et faire ressortir d'une façon plus éclatante la réputation du sanctuaire de la Vierge. Selon la parole de Job, il n'est pas nécessaire pour louer Dieu de recourir à des faussetés : *Numquid Deus indiget vestro mendacio, ut pro illò loquamini dolos ?*

Je suis tout disposé, Monsieur le Directeur, à soutenir, par la voie de la presse ou tout autrement, tout ce que j'ai avancé dans mon ouvrage au point de vue historique et religieux, mais peut-être serai-je alors obligé d'attaquer un peu vivement le mandement de Mgr Enard, évêque de Cahors. C'est ce que j'ai voulu éviter de faire jusqu'ici pour des motifs que vous devez facilement comprendre. Mais je me tiens à votre disposition si vous le jugez à propos.

Je vous prie de vouloir bien agréer, Monsieur le Directeur, l'assurance de mes sentiments très distingués.

ERNEST RUPIN.

Brive, le 22 mars 1904.

*
* *

Je serais désolé d'écrire un seul mot désobligeant pour l'honorable M. Rupin, mais il me semble qu'il est bien vite parti en guerre contre une toute petite phrase qui n'avait pas la moindre prétention belliqueuse.

Le compte-rendu de la conférence sur son livre nous fut envoyé directement par le chroniqueur. Il était donc convenable de l'insérer, d'autant que la *Croix* publie avec plaisir ce qui est à l'honneur des Corréziens, et c'était bien le cas.

Toutefois, comme je savais que les conclusions de l'ouvrage en question ne sont pas approuvées par certains esprits d'ailleurs sérieux, j'ajoutai cette simple remarque : « *La Croix* fait des réserves sur « les conclusions de M. Rupin qui, PARAIT-IL, trop « esclave de sa passion pour le document, n'accorde « PEUT-ÊTRE pas à la tradition orale tout le « crédit qu'elle mérite » (1).

Je disais : *paraît-il,* car je n'ai pas lu le livre de M. Rupin, et il serait ridicule de critiquer un

(1) Cette phrase n'est, je le reconnais, qu'un simple soupçon. Mais le soupçon inspire toujours une idée de défiance, une croyance douteuse et désavantageuse. Du moment qu'on ne montrait pas, avec preuves à l'appui, sur quel point on l'établissait, je ne pouvais pas le laisser passer sans protester. — E. R.

ouvrage sans l'avoir lu. Celui-là coûte vingt francs et n'est pas à la portée des bourses démocratiques comme la mienne. Ma remarque n'était donc qu'un écho, le *paraît-il* était juste.

J'ajoutais : *peut-être,* parce que si en matière d'histoire M. Rupin est une autorité, d'autres autorités respectables ne sont pas de son avis. Le *peut-être* sauvegardait ainsi toutes les opinions sans pouvoir froisser personne. Dans les choses contingentes qui est sûr de ne pas se tromper ?

Eh bien, c'est cette phrase si anodine, si réservée, qui fait partir en guerre le grave M. Rupin. Il n'y voit pas seulement une allusion à la tradition qui identifie Zachée et saint Amadour — tradition dont il n'était d'ailleurs pas soufflé mot dans le compte-rendu ; il y voit encore « la *nécessité* de croire cette tradition » et pour lui « le reproche de ne l'avoir pas voulu croire » (1). Vraiment, chez un historien habitué à analyser les documents, à peser les mots, ces conclusions étonnent...

Et notez qu'à cette petite phrase M. Rupin n'a pas seulement répondu dans la *Croix* par la longue lettre qu'on vient de lire, mais qu'il a envoyé son épître à la plupart des journaux corréziens ! De la part de tout autre que M. Rupin, on croirait que l'auteur profite d'une occasion pour se faire un peu de réclame.

Je n'ai donc pas le livre de M. Rupin sur Rocamadour, mais il me souvient d'avoir lu une étude de lui sur le même sujet dans un bulletin archéologique.

(1) M. l'abbé Chastrusse me reprochera dans sa dernière lettre d'avoir guillemeté deux phrases, dont j'ai reproduit le sens, sans en donner le texte exact, et de là une série d'épithètes à mon égard. Je puis ici lui adresser le même reproche. Où trouve-t-il dans ma lettre ces deux phrases qu'il met entre guillemets : « *la nécessité de croire cette tradition* », « *le reproche de ne l'avoir pas voulu croire* » ?

E. R.

Il y combattait la tradition d'après laquelle saint Amadour ne serait autre que Zachée, mais ces raisons ne me parurent pas convaincantes (1).

Sans vouloir traiter ici la grosse question de la critique historique, il faut rappeler qu'il y a : d'un côté l'école tradition*n*aliste (*sic*) qui voit dans certaines traditions orales des garanties suffisantes de certitude ; de l'autre l'école documentaire qui n'admet que les faits établis d'après des écrits ou des monuments estimés authentiques. M. Rupin semble être de cette dernière école.

Or, d'un côté comme de l'autre, bien que l'erreur soit surtout facile en ces matières, on se croit aisément infaillible, alors que la vérité comme la vertu tient souvent un juste milieu (2).

Je n'entrerai pas à fond dans une discussion à laquelle je ne suis pas préparé, et qui du reste serait déplacée dans la *Croix*, mais je puis dire que si pour nier la tradition de Rocamadour M. Rupin n'avait d'autres preuves que celles qu'on vient de lire, sa conclusion ne serait pas rigoureuse.

Il faut, dit-il, qu'une tradition soit *antique*. Et qui prouve que celle de Rocamadour ne l'est pas ? L'absence de documents ? Mais c'est précisément

(1) Il s'agit ici de l'ouvrage que je viens de publier, et au lieu de le discuter ou de se taire, M. Chastrusse parle d'une brochure datant de onze ans, époque à laquelle je commençais à étudier la question de Roc-Amadour. Naturellement je n'avais pas alors recueilli tous les documents que je possède aujourd'hui, documents qui, au surplus, n'ont fait que confirmer ce que j'avais écrit à ce moment-là. — E. R.

(2) Au lieu d'adopter la maxime *In medio stat virtus* et de se déclarer ainsi partisan du juste milieu, M. l'abbé Chastrusse aurait mieux fait de suivre les conseils donnés par saint Jean, aux versets 15 et 16 du chapitre III de *l'Apocalypse* : « Je sais quelles sont vos œuvres ; que vous n'êtes ni froid ni chaud. Que n'êtes-vous ou froid ou chaud ? Mais parce que vous êtes tiède, et que vous n'êtes ni froid ni chaud, je suis prêt à vous vomir de ma bouche ». — E. R.

tant qu'il n'y a pas de documents qu'un fait accompli ne repose que sur la tradition. Or la tradition orale peut être véridique. Il n'est pas besoin qu'une chose soit écrite pour être vraie. On peut passer un contrat verbal, sans échanger de titres, la parole n'en constitue pas moins une obligation durable. Si Zachée est venu dans les gorges du Causse sans que les historiens aient raconté la chose, le fait n'en est pas moins réel.

Cette tradition, dites-vous, ne date que du XVe siècle. Comment le savez-vous? Par vos documents? Mais ce sont vos documents qui datent du XVe siècle et non la tradition! Pour avoir le droit de dire qu'une tradition ne date que de telle époque et qu'elle n'est pas véridique, il faut apporter la preuve *certaine* qu'à tel moment un imposteur a, le premier, affirmé le fait en question. Or si cette preuve certaine existait, aurait-on attendu le XXe siècle et M. Rupin pour détruire la légende de Rocamadour?... (1).

Cette tradition, dites-vous encore, a été *interrompue*. Comment le savez-vous? Toujours par vos documents qui datent les uns du XVe siècle et les autres du XVIIe ou du XVIIIe? Mais c'est la suite de vos documents qui est interrompue et non la tradition!... (2). Et puis avez-vous la prétention de

(1) Raisonnement étrange de la part d'un ecclésiastique! Pour n'en fournir que deux preuves, est-ce que la légende du pape saint Cyriaque n'a pas figuré dans le recueil des lois canoniques et dans les bréviaires jusqu'au milieu du XVIe siècle, époque à laquelle on la supprima des livres liturgiques parce qu'on en reconnut la fausseté? Est-ce que de nos jours, Léon XIII n'a pas corrigé la légende de saint Silvestre (31 décembre) en y retranchant le récit de l'apparition des apôtres Pierre et Paul? Tous les jours on constate dans les bréviaires des mutations et des corrections opérées par les ordres du Saint-Siège lui-même. — E. R.

(2) Les premiers documents ne datent pas seulement du XVe siècle, comme le dit M. Chastrusse, mais bien du XIIe.

connaître tout ce qui a été écrit ou gravé sur Rocamadour ?... Une vie humaine, soit-elle aussi bien employée que celle de M. Rupin, est bien peu de chose pour remuer la poussière de vingt siècles...

Cette tradition est *vacillante* même dans les livres liturgiques. Cela prouve qu'elle est incertaine, mais non fausse... La bulle de Martin V aurait été dénaturée, peut-être *pro pietate*. Qui nous dit que des documents écrits dans le sens contraire ne l'ont pas été *pro invidià ?* Tout historien reste homme avec ses idées, ses préferences, ses passions...

Que le crâne de Zachée ne puisse être en même temps à Rocamadour et à Levroux, c'est certain. Mais cela prouve-t-il qu'il n'est pas ici ou là ? (1). M. de Lapalisse aurait trouvé que deux femmes ne sont pas mères du même enfant, mais que l'une ou l'autre peut l'être. Si M. Rupin était aussi sage que Salomon, il chercherait lequel des deux crânes est celui de Zachée, mais il ne soutiendrait pas que le crâne de Zachée n'est nulle part.

Je regrette pour notre grave historien qu'il en vienne à raconter l'histoire de Jaka, qui est au Midi plus encore que Marseille. Si on me présentait deux têtes comme ayant appartenu à la même personne,

Tous les documents écrits et même toutes les traditions, des XIIe, XIIIe et XIVe siècles, n'identifient en aucune façon Amadour avec Zachée. Au milieu du XVe siècle seulement, on essaye d'établir cette identification en dénaturant une bulle de Martin V. Cette nouvelle légende est adoptée pendant quelque temps, mais rejetée au XVIIIe siècle par tous les rédacteurs des bréviaires de Cahors. On la remet en vigueur vers le milieu du XIXe siècle en s'appuyant uniquement sur la dite bulle de Martin V. Les documents relatifs à cette légende ne sont donc pas interrompus comme l'affirme, si à la légère, M. Chastrusse. — E. R.

(1) M. Chastrusse tire ici des conclusions sans en avoir établi leurs prémisses. Pour pouvoir dire que le crâne de Zachée est forcément à Levroux ou à Roc-Amadour, il faudrait d'abord prouver qu'il se trouve sûrement dans l'une ou dans l'autre de ces deux localités. — E. R.

je regarderais surtout celle du barnum qui voudrait ainsi se payer la mienne, mais je n'apporterais pas cet argument dans une discussion sérieuse. Il faut n'avoir pas de bonnes preuves pour en donner d'aussi mauvaises.

La vérité est qu'en ces matières on peut avoir des commencements de preuve, mais rien de concluant. Cent probabilités ne font pas une certitude. L'Eglise ne se prétend pas infaillible en transmettant ce qu'elle appelle précisément des *légendes* pieuses : les savants qui les nient feraient bien de n'être pas plus prétentieux que l'Eglise. Ils peuvent dire : je n'y crois pas ; ils n'ont pas le droit de dire : ce n'est pas (1).

Que les croyants, du reste, ne s'attristent pas de ces négations. Nier n'est pas détruire. La vérité est plus durable que les livres et Dieu plus puissant que les historiens.

La légende de Zachée-Amadour n'a d'ailleurs pas une importance capitale. M. Rupin est d'accord avec l'Eglise pour honorer le sanctuaire dédié à la Sainte-Vierge, et son livre est, paraît-il, un monument aussi pieux que riche, à la gloire de Marie. C'est le but essentiel de l'ouvrage et, à ce titre, on ne saurait trop louer son auteur.

M. Rupin me propose de discuter son œuvre plus à fond : je m'y refuse absolument, d'abord parce que nous lutterions avec des forces trop inégales : lui savant auteur de livres à vingt francs, moi petit chroniqueur de journal à un sou.

(1) M. l'abbé Chastrusse me reproche ici d'être plus prétentieux que l'Eglise. Qu'il me permette de lui dire à mon tour que c'est lui qui est prétentieux en voulant se poser en autorité à l'encontre des enseignements donnés par Benoît XIV. Ce savant pontife s'exprime ainsi dans son ouvrage *De la Canonisation des saints* : « Le respect pour les leçons des offices romains ne va pas cependant jusqu'à la défense d'exposer les difficultés qui regardent les faits historiques ».

E. R.

Mais je m'y refuse surtout parce qu'il faudrait, dit M. Rupin, « attaquer un peu vivement le mandement de Mgr Enard » (1). Or la *Croix* n'est pas le

(1) En parlant d'attaquer le mandement de Mgr Enard, j'entendais par le mot *attaque* la discussion de certaines opinions émises dans son mandement au sujet de saint Amadour. C'est avec intention que j'ai employé ce mot *attaque* qui ne correspondait cependant pas à ma pensée. Mais j'espérais par là faire ouvrir les yeux à M. Chastrusse et lui montrer combien il était ridicule pour lui, du diocèse de Tulle, d'entrer en guerre pour une question qui concernait tout spécialement le diocèse de Cahors et à laquelle il n'était pas préparé, il l'avoue lui-même. (Voir page 6, ligne 17). Rien n'est dangereux comme un ami maladroit.

J'avoue que je me suis naïvement trompé, et je tiens à bien affirmer ici quelle a été ma pensée que j'avais déjà fait connaître à plusieurs ecclésiastiques du Lot, avant l'impression de ma brochure. Je respecte et j'estime trop Mgr Enard pour avoir avec lui une discussion qui ne serait pas courtoise et qui porterait, non sur des questions de dogme (je m'incline là-dessus devant les décisions de l'Eglise) mais sur des questions secondaires comme celles des légendes. Je n'ai pas dans mon ouvrage un seul mot de désagréable pour lui, parce que j'admets facilement que sur certains points on peut avoir une opinion opposée, libre à chacun de la soutenir, car c'est de la discussion loyale que naît la lumière.

Le *Bulletin critique* n'a pas manqué de faire ressortir ma conduite à cet égard, dans le compte-rendu consacré à mon ouvrage : « Personne au moins ne méconnaîtra la bonne foi de l'œuvre et le tact parfait qu'a apporté l'auteur dans la discussion d'opinions qui n'étaient pas les siennes ». Agir différemment dans la suite, aurait été me déjuger et ce n'est pas mon habitude. Ma polémique avec M. Chastrusse a été vive, parce que j'ai voulu me mettre au même diapason que mon adversaire ; c'était le seul moyen que j'avais pour me faire comprendre de lui. Toutefois j'ai été obligé de l'abandonner quand j'ai vu qu'on voulait m'entraîner sur le terrain des gros mots et des injures.

J'ai donc eu le tort de trop compter sur le bon sens de M. l'abbé Chastrusse, je ne crains pas de l'avouer ; mais ce que je crois pouvoir affirmer, c'est que si M. Chastrusse avait été du diocèse de Cahors, on l'aurait empêché d'entamer cette polémique qui a été si sévèrement jugée à son désavantage, tant en France qu'à l'étranger. Un grand nom-

journal de Grosjean. M. Rupin cite une lettre de Léon XIII, ayant même l'air, soit dit en passant, de lui faire condamner la tradition orale, ce que le Pontife ne condamne pas le moins du monde (1). Or, dans cette même lettre, je lis qu'il n'est « ni expédient ni prudent de se mettre en conflit avec une puissance qui a pour garant de sa perpétuité Dieu même ». Cette puissance, c'est l'Eglise, dans laquelle Mgr Enard est une autorité (2). Il ne serait donc ni expédient ni prudent de l'attaquer, et Léon XIII que M. Rupin invoquait en sa faveur se tournerait donc contre lui. Evitons-lui ce danger.

M. Rupin se défend d'avoir « osé mentir » et il nous adresse un texte de Job qu'il aurait pu garder pour une meilleure occasion. Non, Monsieur, nul n'a voulu mentir dans la circonstance, ni vous ni personne. Mais on a pu se tromper. Et c'est pourquoi votre livre n'exprime qu'une opinion, qui est la vérité... peut-être.

E. C.

bre d'ecclésiastiques du diocèse de Cahors m'ont parlé en des termes si élogieux de Mgr Enard que je crois pouvoir assurer que ce prélat n'aurait jamais supporté qu'un de ses prêtres dise à un adversaire quel qu'il soit qu'il est un « veau » comme l'a fait M. Chastrusse à mon égard. — E. R.

(1) Le Saint-Père dit « qu'il faut énergiquement s'efforcer de réfuter les mensonges et les faussetés en recourant aux sources ». N'est-ce pas dire qu'on doit condamner une tradition, lorsqu'on peut prouver, en remontant aux sources, qu'elle est fausse et qu'elle est en contradiction avec des documents écrits ? J'ai pris à ce sujet des renseignements à Rome même et l'on m'a assuré que c'était bien là l'opinion du grand pape Léon XIII, qui, le premier, a ouvert largement l'accès des archives du Vatican à tous les studieux, quelle que fût leur confession. — E. R.

(2) Comme nous l'écrivait un savant religieux, le 13 février 1904 : « Une parole épiscopale ne suffira jamais à assujettir une tradition. La foi n'a rien à faire dans ces matières ».

E. R.

II

Deuxième Lettre ouverte à M. le Directeur de la « Croix de la Corrèze »

Monsieur le Directeur,

Lorsque j'ai eu l'honneur de vous adresser ma lettre du 21 de ce mois, je ne vous avais pas manifesté le désir de la voir reproduite dans votre journal, parce que je savais très bien que je pouvais attendre de votre loyauté cette insertion ; je suis heureux de constater que je ne m'étais pas trompé.

Permettez-moi de critiquer encore quelques-unes des observations qui suivent cette insertion.

Vous paraissez croire que je ne vous ai envoyé « mon épître », c'est-à-dire ma réponse à votre lettre, que pour faire de la réclame. Je ne vois pas comment je ferais de la réclame pour un ouvrage dont la vente ne me donne aucun profit, ayant renoncé à tout bénéfice pour permettre à l'éditeur d'établir un volume d'un plus grand luxe, illustré d'un plus grand nombre de gravures. Mon but n'était pas si matériellement intéressé : je tenais à défendre tout ce que j'ai avancé.

Vous me dites que je ne prouve pas que la tradition, qui fait d'Amadour et de Zachée une même personne, soit inexacte. Je ne puis naturellement, dans un article de journal, fournir tous les développements qui occupent 83 pages de mon ouvrage. Mais j'avais cru dire assez en faisant connaître que tous les historiens ecclésiastiques anciens, et sans exception, qui ont écrit sur Roc-Amadour, n'ont jamais eu l'idée d'établir cette identification. Ces historiens sont, entr'autres, Robert de Thorigny, chroniqueur du XIIIe siècle ; le célèbre Bernard Guy, évêque de Lodève ; Aymeric de Payrac, abbé de Moissac ; saint Antonin et les auteurs des actes de saint Amadour, qui, il faut bien le supposer, inséraient dans leurs écrits les traditions en vigueur de leur temps. J'ajoutais que l'identification en question n'a été établie qu'en dénaturant intentionnellement une bulle de Martin V, et que cette manière de créer et d'établir une tradition n'offrait rien de sérieux à quelqu'école que l'on appartienne ; elle est toujours blâmable, même quand elle est faite *pro pietate*. Ces légers accrocs à la Vérité, qui ont tant l'air de vous étonner, étaient, paraît-il, en usage dans l'Eglise, ce qu'Hériger, abbé de Lobbes, qui s'en plaint, exprime en ces termes si énergiques : mentir par piété, *pro pietate mentiri*.

Prenez la *Patrologie latine*, que vous avez je crois entre les mains, vous y verrez (tome CLVI, col. 622, 624. Edit. d'Achery, p. 334), cette phrase du vénérable Guibert, abbé de Nogent : « Beaucoup « de gens, tout en attribuant à leurs saints une « antiquité très reculée, veulent en faire écrire la « vie par nos contemporains. On me l'a souvent « demandé..... Si j'avais consenti à écrire ou à « prêcher au peuple les fables qu'on me suggérait, « j'aurais mérité, ainsi que mes conseillers, d'être « marqué d'un fer rouge en public ».

Je ne nie donc pas tout ce qui a été dit sur Roc-Amadour jusqu'au XVe siècle ; mais je conteste une tradition qu'on n'a songé à établir qu'à cette époque, en faussant un acte pontifical, tradition qui a paru du reste tellement peu fondée que les ecclésiastiques qui revisèrent le Propre du diocèse de Cahors, au XVIIIe siècle, ne l'ont pas inséré dans le bréviaire qui envisage saint Amadour comme un simple solitaire.

« Qui nous dit », ajoutez-vous, que les documents écrits dont je me suis servi, n'ont pas été rédigés *pro invidia*? Comment pouvez-vous lancer, si à la légère, de pareils soupçons sur des autorités telles que Mabillon, Labbe, dom Vaissete, les Bollandistes et Baluze, dans lesquels j'ai puisé tous mes renseignements sur Roc-Amadour et qui sont la gloire de l'Eglise et de notre patrie ?

Quand j'affirme qu'il ne peut y avoir deux crânes de Zachée, « Monsieur de Lapalisse », dites-vous, « aurait ajouté : S'il n'y en a pas deux, il y en a un : c'est celui-ci ou celui-là ». Je crois avoir prouvé dans mon ouvrage que Zachée ne pouvait être à Roc-Amadour, et Léon XIII, en 1892, a refusé de se prononcer sur l'authenticité de celui de Levroux. Votre ami de Lapalisse, que j'aime beaucoup parce qu'il m'a bien amusé dans mon enfance, et qui paraît être votre plus grande autorité, serait bien embarrassé pour résoudre la question en face de Léon XIII, en présence duquel on trouvera, peut-être, peu convenable que vous le placiez.

Quel malheur que vous n'ayez pas écrit cela au XIIIe siècle ! Quelque bon moine aurait tout de suite rédigé, sur vos indications, la vie de votre ami : on en aurait fait un saint ; on aurait établi une tradition, et, de nos jours, on verrait encore quelques bonnes âmes réciter dévotement leurs litanies, en disant : « Monsieur de Lapalisse, priez pour nous ».

Notre pauvre Limousin, M. le Directeur, est si injustement décrié que je regrette vivement que vous lui ayez jeté un ridicule de plus, car bien des personnes se demanderont comment il se fait qu'au Grand-Séminaire de Tulle, d'où vous sortez, on ne parle ni de Mabillon, ni de Labbe, ni de dom Vaissete, pour enseigner les histoires du Petit Chaperon-Rouge, de Monsieur de Craque (*sic*) et de Monsieur de Lapalisse dont vous connaissez parfaitement toute la vie. Ne redoutez-vous pas d'avoir ainsi fourni, sans vous en douter et dans le journal *La Croix*, une arme terrible à ceux qui combattent aujourd'hui d'une façon si injuste l'enseignement religieux !

Ma lettre est déjà un peu longue pour répondre à

votre dernière phrase que je n'attaquerai qu'avec le plus grand regret, mais ce sera pour la prochaine fois, *si vous en exprimez le désir*. Réfléchissez, à vous de voir si vous en acceptez la responsabilité.

[Mgr Enard, évêque de Cahors, a défendu à plusieurs de ses prêtres de critiquer mon ouvrage ; une réunion d'ecclésiastiques a décidé ces jours-ci qu'on me répondrait avec la plus grande courtoisie pour me reprocher simplement d'avoir démoli sans reconstruire, comme s'il était possible de reconstruire en réalité un édifice qui n'a jamais existé que dans l'imagination de certains esprits naïfs. Mais je trouve piquant que ce soit vous, du diocèse de Tulle, qui preniez à tâche de compromettre par vos maladresses, la dignité du siège épiscopal de Cahors.] (1).

En terminant, je me permettrai de vous faire connaître que je n'ai pas imprimé mon ouvrage sans avoir, au préalable, soumis mon manuscrit à l'un des plus pieux et de nos plus savants bénédictins qui m'a envoyé son entière approbation, après un examen attentif. Peut-être rejetterez-vous cette haute autorité parce qu'elle ne connaît certainement pas aussi bien que vous l'histoire de Monsieur de Lapalisse. Mais j'ai consulté également d'autres religieux et différents ecclésiastiques qui ont aujourd'hui un nom dans la science. J'ai conservé soigneusement leurs lettres et je suis disposé à vous les communiquer si vous voulez bien me faire l'honneur de venir me voir.

Je vous prie de vouloir bien agréer, Monsieur le

(1) M. l'abbé Chastrusse a supprimé dans le journal *La Croix* ce passage de ma lettre, mis entre crochets, sous le prétexte qu'il concernait des tiers. — E. R.

Directeur, l'assurance de ma considération la plus distinguée.

E. RUPIN.

L'autre jour, croyant avoir affaire à un contradicteur sérieux, je m'appliquai à établir que la tradition écrite mérite parfois crédit et qu'en rejetant celle de Zachée-Amadour M. Rupin s'était « peut-être » trompé (1).

Hélas ! c'était surtout moi qui me trompais sur le compte de M. Rupin.

En effet, de ma démonstration il n'a guère retenu que Lapalisse nommé incidemment : il en conclut que Lapalisse est ma plus grande autorité, qu'en le citant j'ai compromis le séminaire de Tulle (2), le journal *La Croix* et l'enseignement, religieux, jeté le ridicule sur le Limousin et manqué de respect à Léon XIII !

Ce devrait être exact puisque le soi-disant infaillible M. Rupin le dit, et je serais en belle posture.

Heureusement M. Rupin lui-même me défend contre M. Rupin.

En effet, il me prie « d'agréer sa considération *la plus* distinguée ». Comme tout à l'heure il me reprochait de tout compromettre, il a ainsi l'air de me dire : Vous êtes un imbécile, mais je vous

(1) Je ne me suis pas même « peut-être » trompé en rejetant la légende Zachée-Amadour, puisque j'ai prouvé qu'il n'en était question dans aucune tradition antérieure au XVe siècle et que ce n'est qu'à cette époque qu'on a voulu l'établir en dénaturant une bulle de Martin V. — E. R.

(2) Malheureusement je pourrais facilement montrer que sur ce point je ne me suis pas encore trompé. Mais je m'empresse d'ajouter que ce n'est pas ici le cas d'appliquer la maxime : *Ab uno disce omnes*. Loin de là. — E. R.

estime beaucoup ! Il n'est pas possible que l'infaillible M. Rupin place si mal sa considération. D'où je conclus : ou bien l'opinion que M. Rupin a de moi n'est pas juste, ou bien sa considération n'est pas sincère — à moins qu'il n'y ait un peu de l'un et de l'autre.

Quoi qu'il en soit, si je suis rassuré sur le vilain tour que m'aurait joué Lapalisse, l'infaillibilité de M. Rupin me paraît bien compromise... Mais soyons sérieux.

J'aurais mauvaise grâce à vouloir défendre « le *moi*, toujours haïssable ». Si j'ai quelquefois, rarement, imprimé mon nom au bas de quelques lignes, ç'a été pour rendre un hommage ou prendre une responsabilité, jamais pour en imposer à personne. Donc, ce que M. Rupin et le public pensent de moi importe peu.

Pour M. Rupin c'est autre chose. Il met son nom sur de gros livres. Il se prétend une autorité même dans une question religieuse. Il se donne à lui-même l'*Imprimatur*. Il se permet des insinuations malveillantes pour des ecclésiastiques... Et voilà que si un prêtre dit poliment que M. Rupin a pu se tromper, M. Rupin part en guerre ! C'est déjà une présomption contre lui.

Et puisqu'il laisse la discussion des principes pour la querelle des personnes, il m'amène ainsi à le discuter lui-même : *Patere legem quam fecisti.*

Il s'agit évidemment du prétendu historien, et non de l'homme qui est universellement honoré.

M. Rupin prétend que pour avoir nommé Lapalisse j'ai compromis les plus saintes choses. Je ne lui dis pas qu'il a fait de même en parlant de M. de Crac (*Craque* pour M. Rupin !) Non. Je veux le faire apprécier d'après des preuves plus sérieuses, tirées de sa lettre qu'on vient de lire (1).

(1) La lourde faute d'orthographe que j'ai commise en écri-

En effet, M. Rupin écrit : « J'avais cru en dire assez (dans la première lettre) en faisant connaître que tous les historiens ecclésiastiques anciens, et sans exception, qui ont écrit sur Rocamadour n'ont jamais eu l'idée d'établir cette identification » (d'Amadour-Zachée). Or, dans sa première lettre M. Rupin n'avait *rien dit* ni *rien insinué* de semblable. — Première... inexactitude. Soyons poli.

M. Rupin écrit : « Comment pouvez-vous lancer de pareils soupçons (mentir *pro invidia*) sur des autorités telles que Mabillon, Labbe, dom Vaissette », etc. Or, ni dans la première lettre de M. Rupin, ni dans ma réponse, il n'est fait moindre allusion à ces savants. Je n'ai donc pu les injurier (1). — Deuxième inexactitude.

Mais voici qui est plus fort :

J'avais écrit :	**M. Rupin me fait dire** :
« Qui nous dit que des documents écrits dans le sens contraire ne l'ont pas été *pro invidia* ?	« Qui nous dit, ajoutez-vous, que les documents écrits **dont je me suis servi,** n'ont pas été rédigés *pro invidia* ? »

Ainsi j'avais fait une supposition limitée, impersonnelle : M. Rupin la généralise, l'applique à

vant *M. de Craque* pour *M. de Crac*, montre la sincérité de mon aveu quand j'établissais la supériorité de M. l'abbé Chastrusse sur la connaissance de ces fables à amuser les enfants. En revanche, si M. Chastrusse, au lieu de se livrer à l'étude de ce personnage peu historique, s'était adonné à celle des grands écrivains religieux des xviie et xviiie siècles, il aurait appris qu'on n'écrit plus aujourd'hui le nom de dom Vaissete par deux *l* (dom Vaissette) comme il le transcrit quelques lignes plus bas. On possède plusieurs autographes de cet auteur et tous portent la signature : « fr. dom Vaissete ». (Voir *Histoire de Languedoc,* nouv. édit., tome 1er, première partie). Pourquoi aussi, un peu plus haut, a-t-il écrit le mot *traditionaliste* avec deux *n* ? — E. R.

(1) Mais tous les « documents écrits dans le sens contraire » se trouvent précisément dans Mabillon, Labbe, dom Vaissete, etc. N'est-ce pas parler de ces auteurs en faisant allusion aux documents contenus dans leurs ouvrages ? — E. R.

lui-même, ce qui la rend fausse et injurieuse. — Première altération de texte..

J'avais écrit :	**M. Rupin me fait dire :**
« Que le crâne de Zachée ne puisse être en même temps à Rocamadour et à Levroux, c'est certain. **Cela prouve-t-il qu'il n'est pas ici ou là ?** M de Lapalisse aurait trouvé que deux femmes ne sont pas mères d'un même enfant ; mais que l'une ou l'autre **peut** l'être ».	Quand j'affirme qu'il ne peut y avoir deux crânes de Zachée, « M. de Lapalisse, dites-vous, aurait ajouté : s'il n'y en a pas deux, il y en a un : **c'est celui-ci ou celui-là** ».

Remarquez que M. Rupin place ses citations entre guillemets, prétend par conséquent reproduire exactement le texte (1). Or, non seulement la phrase est bouleversée, mais la forme interrogative que j'avais employée est transformée en forme affirmative, en sorte qu'une supposition possible devient une affirmation inepte. — Deuxième altération de texte.

J'ajoute, car je veux être d'une loyauté absolue, que dans le texte adressé à la *République*, M. Rupin a mis la forme interrogative : « Est-ce celui-ci ? » Par contre, dans ce même journal, sa lettre a une autre variante qu'il faut noter :

Envoi à la *Croix* :	Envoi à la *République* :
« Ces légers accrocs à la vérité qui ont tant l'air de vous étonner, étaient, paraît-il, en usage, etc.	« Ces légers accrocs à la vérité qui ont l'air tant de vous étonner **et que voudraient renouveler certains ecclésiastiques modernes,** étaient, autrefois, etc. »

Pourquoi ces variantes ?... M. Rupin a-t-il voulu exposer les archéologues futurs à tomber leurs derniers cheveux en cherchant quel fut son véritable texte : ou bien, espérant que je ne lirais que son

(1) Comment M. Chastrusse peut-il me faire le reproche d'avoir reproduit entre guillemets le sens, mais non le texte de deux de ses phrases, quand lui a beaucoup mieux fait en guillemetant deux phrases que je n'ai jamais écrites. (Voir la note de la page 5). Toutes les injures dont il veut bien me gratifier ne retombent-elles pas alors sur lui et encore d'une façon plus accentuée ? — E. R.

manuscrit, a-t-il voulu lancer au clergé, dans la *République*, une injure à l'abri de la riposte de son contradicteur?... Quoi qu'il en soit, méprisant l'injure, je dis qu'en envoyant à un autre journal, sous le titre : *Lettre au Directeur de la « Croix »*, un texte différent de celui que ce directeur a reçu, E. Rupin a manqué de loyauté.

Et que dire de cette publication, dans d'autres journaux, de la nouvelle lettre de M. Rupin, sans que ces journaux aient publié ma réponse — ce que je n'ai pas demandé, laissant à M. Rupin le goût de la réclame. Un contradicteur de la plus élémentaire loyauté se serait dit : Puisque ces journaux ne publient pas la défense il serait injuste de leur faire insérer une nouvelle attaque ; qui n'entend qu'une cloche n'entend qu'un son. Mais M. Rupin n'a pas de ces scrupules. Toute cloche doit se taire devant M. Rupin, bourdon universel.

La lettre de M. Rupin est donc inépuisable contre lui. Imposez-vous de la relire comme dernière pénitence de carême. Est-ce assez lourd, incohérent, inepte ! Oui, inepte cette insistance, dans cette grave question, à parler de Lapalisse qui « amusa M. Rupin dans son enfance » et l'amuse encore comme s'il était tombé en enfantillage ; — inepte, avec un petit relent de *Lanterne*, ce « M. de Lapalisse, priez pour nous ! » bien placé, vraiment, sous la plume d'un soi-disant écrivain catholique ; — inepte encore, et d'une probité douteuse, ce reproche d'avoir mis en présence Lapalisse et Léon XIII, alors que c'est M. Rupin seul qui l'a fait !... Mais je n'en finirais pas. Il y a bien longtemps que je reçois des ripostes ; je n'ai jamais rien vu d'une aussi monumentale nullité.

Ainsi, j'ai prouvé que M. Rupin avait commis des *inexactitudes*, des *altérations de textes*, des *manques de loyauté* et des *inepties*, dans une seule lettre de cent lignes, qu'il savait pourtant devoir être discutée. Je le demande à tout lecteur sensé, que penser, après cela, de l'historien soi-disant infaillible de *Rocamadour ?*...

Il est pénible d'avoir à écrire ces choses. On parle depuis longtemps des mérites de M. Rupin. Il fut président d'une Société savante, directeur d'un Bulletin archéologique, fondateur du Musée de Brive ; il est chevalier de la Légion d'honneur. J'ai souvent été fier, comme tout bon Limousin, de citer M. Rupin parmi ceux dont le savoir honore la petite patrie. Il a fallu son étrange prétention à l'infaillibilité, et sa non moins étrange manière de se défendre pour me faire douter de la valeur de l'historien.

Craignant de me tromper, j'ai consulté plusieurs de ceux qui le connaissent bien. L'opinion est unanime : M. Rupin est travailleur, érudit, mais il a lu ou vu tant de choses qu'il n'a pu les comprendre toutes. Très convaincu de son mérite, il semble ne croire que ce qu'il pense, n'écouter que ce qu'il dit, oubliant parfois « qu'on pardonne à quelqu'un d'être érudit pourvu qu'il ne soit pas assommant ». Il n'admet pas, ou plutôt ne conçoit pas qu'il puisse se tromper. Un tel état d'esprit rend l'irritation facile, et la présente querelle en est un exemple. M. Rupin fait penser au classique docteur Pancrace, dont la fatuité pédante et irascible ne permet pas au prudent Marphurius de lui dire, même poliment, qu'il s'est « peut-être » trompé.

On juge l'arbre par ses fruits et aussi les fruits par leur arbre. C'est dire que les écrits de M. Rupin sont plus érudits que bien raisonnés (1). Mais

(1) J'opposerai à cette appréciation celle que viennent de formuler, au sujet de mon ouvrage, à la page 190 des *Analecta Bollandiana*, les Bollandistes de Bruxelles qui passent, on le sait, pour des critiques instruits, mais fort sévères : « ... On ne pouvait mieux dire, ni rendre plus justement hommage au travail consciencieux, à la sage critique, à la piété éclairée de l'auteur ». — E. R.

M. Rupin a la chance d'avoir quelques amis archéologues, et entre amis on ne se jette pas la pierre. Passe-moi la rhubarbe je te passerai le séné. L'un fait une élogieuse préface laquelle, suivant le joli mot d'un autre, malin peut-être sans s'en douter « met en valeur » le volume — qui en avait donc besoin ?... Puis, la fortune ayant entouré M. Rupin de son auréole magique, ça permet de faire des livres jolis sinon beaux. On fait imprimer sur grand papier du Japon ; on émaille de beaucoup d'images (1) ; on recouvre d'une couverture voyante : et l'on est ainsi, pour les gogos, un auteur d'autant plus savant que le livre est plus riche. La richesse du pavillon cache souvent la pauvreté de la marchandise.

Non pas, remarquez-le bien, que je critique en principe la méthode de M. Rupin. Il n'écrit que d'après des documents. Cette méthode a le plus de chance d'être véridique : donc elle est la meilleure. Taine et Frédéric Masson n'avançant rien sans indiquer leurs sources, sont de vrais historiens, tandis que Thiers et Michelet ne furent que des poètes en prose, souvent des pamphlétaires. Seulement il y a une manière de « mettre en valeur » les documents,

(1) M. Chastrusse qui, probablement, n'a jamais eu sous les yeux que des « images » d'Epinal qui lui ont si bien appris les épisodes de la vie de son ami M. de Lapalisse, ne paraît pas se douter que, surtout dans un ouvrage d'archéologie, les gravures sont indispensables. Si minutieuses que soient des descriptions, elles sont nécessairement incomplètes quand elles ne sont pas accompagnées de dessins, parce qu'elles s'adressent à l'intelligence quand c'est aux yeux qu'il faudrait parler.

Au surplus, ce que M. Chastrusse blâme ici est au contraire loué par les Bollandistes : « Il n'est que juste d'ajouter que les éditeurs se sont appliqués à présenter cet excellent ouvrage sous les dehors élégants et vraiment artistiques qui sont, ici tout spécialement, si bien d'accord avec le site merveilleux et la grâce étrange du petit coin de terre auquel il est consacré ». (*Analecta Bollandiana*, 1894, p. 489). E. R.

et, s'il faut en juger par la lettre de M. Rupin, sa méthode laisse beaucoup à désirer.

Mais il faut bien en finir. Un dernier mot cependant : M. Rupin veut répondre mais il redoute ma riposte. Alors, espérant m'intimider, il menace de faire du scandale en attaquant des tiers, et c'est moi qui en serais « responsable » ! Devant ce procédé, je n'éprouve que de la pitié, mais je dis à M. Rupin :

Ou bien vous êtes l'homme sérieux que vous prétendez, ou bien vous ne l'êtes pas ;

Si vous êtes sérieux, vous avez déjà regretté une menace irréfléchie, et vous ne ferez pas des étrangers victimes de vos griefs contre moi.

Mais si vous n'êtes pas sérieux, eh bien marchez ! *La Croix* ne vous suivra pas contre des tiers. Mais moi, cause involontaire de ce que vous croyez devoir être du scandale et qui ne tournera qu'à votre confusion, moi je vous suivrai ! Je prierai vos journaux hospitaliers de reproduire mes réponses passées et futures, et le public verra si des Loriquets en veston peuvent impunément accuser des ecclésiastiques modernes de mentir (1) et s'ériger eux

(1) Que M. l'abbé Chastrusse veuille bien se donner la peine de prendre les *Conférences ecclésiastiques du diocèse de Tulle, compte rendu de 1882*, Tulle, Mazeyrie, 1884, il lira à la page 122 cette citation : « La Congrégation des Rites, le 8 avril 1854, reconnut à l'église de Limoges le droit d'honorer son premier évêque du culte et du titre d'apôtre *et d'insérer, dans la liturgie, qu'il avait été l'un des soixante-douze. Sa Sainteté Pie IX a approuvé ce décret* ». Cette affirmation n'est point exacte. Dans la requête adressée à ce sujet au pape, en 1852, l'évêque de Limoges avait formulé deux demandes : la première, de déclarer que saint Martial était l'envoyé de saint Pierre et l'un des 72 disciples du Christ ; la seconde, l'autorisation de rendre à ce saint le culte et le titre d'apôtre. Le tribunal de la Sacrée-Congrégation des Rites refusa à l'unanimité de déclarer si l'on devait considérer saint Martial comme l'un des 72 disciples du Sauveur. Sans discuter la question au point de vue dog-

mêmes en docteurs infaillibles dans les questions religieuses.

Croyez-moi M. Rupin, à votre tour, « réfléchissez »... Tenez, je me permets de vous donner un conseil : adressez-moi une nouvelle réponse courte mais mordante, quelque chose qui porte contre ce méchant petit abbé de la *Croix*. Pourvu qu'elle ne contienne ni attaque contre des tiers, ni diffamation, je vous promets de l'insérer sans commentaire. Vous aurez ainsi le dernier mot, et nous nous remettrons : vous à admirer vos œuvres, moi à batailler contre les francs-maçons.

Je demande pardon d'avoir fait un si long article. M. Rupin n'est pas un de ces contradicteurs de mauvaise foi qu'on exécute en quelques mots (1). Il a dit sincèrement son opinion, et son seul tort a été de ne pas admettre qu'il ait pu se tromper. Comme il s'agissait d'une question religieuse, la *Croix* avait le droit d'intervenir. J'espère qu'il est établi pour tout le monde, même pour M. Rupin, que s'il est un très digne homme et un érudit incontesté,

matique et entendant seulement consacrer un ancien usage, elle confirma la prérogative dont l'église de Limoges jouissait depuis longtemps de célébrer la fête de saint Martial comme celle d'un apôtre. Et cela seul a été approuvé par le Saint-Père.

J'ai entre les mains la copie de la bulle délivrée à ce sujet ; elle est certifiée exacte par l'archiviste de la Sacrée-Congrégation des Rites et je l'ai reproduite *in-extenso* dans mon ouvrage.

L'Eglise de Limoges n'a donc jamais reçu le droit « *d'insérer dans la liturgie que saint Martial avait été l'un des soixante-douze* » et le Pape n'a donné aucune approbation sur ce point. Si cependant, l'affirmation d'un tel fait par l'auteur de l'article cité, n'est pas un mensonge *pro pietate*, c'est du moins une manière peu louable de tronquer un texte pour les besoins de la cause et d'étouffer intentionnellement la vérité historique. — E. R.

(1) Je suis bien à plaindre. Pour M. Chastrusse, insulter quelqu'un c'est l'exécuter. Or, il m'a longuement insulté, cela suffit. Je suis donc exécuté. — E. R.

comme historien il serait plutôt un de ceux qu'on a appelés les gâte-sauces de l'histoire, dont tout l'art consiste à mal accommoder les textes (1). — E. C.

P. S. — J'allais oublier, de la lettre de M. Rupin, le détail auquel il tient peut-être le plus : Je n'ai pas voulu, dit-il, faire de la réclame pour un ouvrage dont la vente ne me donne aucun profit. M. Rupin feint de croire qu'il ne connaît que la réclame des gros sous, comme s'il n'y avait pas aussi celle de la gloriole... Il ajoute du reste qu'il a « voulu établir un volume de grand luxe, illustré de nombreuses gravures », ce qui est tout de même une manière de dire : Mesdames et Messieurs, mon livre est merveilleux ; je vous le donne à prix coûtant; prenez-le !... Oh ! M. Rupin ne fait pas de réclame (2).

III

(Extrait du journal *La République*, à Brive.)

Troisième Lettre ouverte à M. le Directeur de la « Croix de la Corrèze ».

Brive, 3 avril 1904.

Tant de fiel entre-t-il dans l'âme d'un dévot !

Bravo, Monsieur le Directeur de *La Croix de la Corrèze*. Cette fois-ci au moins vous vous montrez tel que vous êtes; vous vous placez sur votre véritable terrain ; on peut juger de votre valeur : c'est une série d'épithètes, plus ou moins délicatement choisies, que vous lancez à mon adresse.

Ce langage distingué, qui vous est si familier, me touche peu. Je vous remercie même, pour m'obliger

(1) Mon ouvrage ayant été couronné par l'Institut, je n'ai rien à répondre, sur ce point, à M. Chastrusse. — E. R.

(2) Je n'ai pas besoin de faire de la réclame, puisque M. Chastrusse veut bien se charger d'en faire pour moi. Je l'en remercie beaucoup au nom de mon éditeur. — E. R.

de mettre fin à notre polémique, de m'avoir fait l'honneur de comprendre qu'il ne m'était pas possible de soutenir, avec vous, une lutte en ce qui concerne une exhibition d'injures et de mots grossiers. Je vous accorde là-dessus le facile triomphe que vous ambitionnez avec tant d'ardeur. Dans les discussions de ce genre les insultes retombent toujours sur ceux qui ont la faiblesse d'y recourir.

Comme j'ai été et que je tiens à être toujours poli, je vous prie, Monsieur le Directeur de *La Croix*, de vouloir bien agréer l'assurance de mes sentiments très distingués.

ERNEST RUPIN.

P.-S. — J'adresse à M. le Directeur du journal *La République* toutes vos réponses parues dans *La Croix*, avec prière de les insérer dans son journal.

Comme on vient de le voir, l'ouvrage que j'ai publié sur Roc-Amadour m'a valu de violentes invectives de la part du rédacteur de la *Croix de la Corrèze*, mais, en compensation, il m'a procuré une lettre à laquelle j'attache un grand prix, je ne m'en cache pas. Sa Sainteté Pie X, à laquelle j'ai eu l'honneur d'adresser un exemplaire de mon travail, a daigné me faire envoyer par le Secrétaire d'État du Vatican, S. E. le cardinal Merry del Val, la lettre dont voici la copie traduite de l'italien :

« *N° 5142. Honorable Monsieur, L'Œuvre que vous avez publiée sur le sanctuaire de Notre-Dame de Roc-Amadour, a été remise, suivant votre désir, entre les mains vénérables du Saint-Père. Sa Sainteté a accueilli favorablement cet hommage, splendide par la beauté de l'exécution et recommandable* [e commendevole] *parce qu'il est consacré à l'un des plus illustres sanctuaires de la Vierge.*

En outre, louant la piété dont vous avez ainsi donné la preuve [Mentre poi ha lodada la pieta di cui Ella ha dato prova] *et l'empressement que vous avez mis à honorer Marie, Sa Sainteté vous envoie de tout son cœur sa bénédiction.*

« *En vous offrant l'assurance de ma considération très distinguée, je suis heureux de me déclarer votre tout dévoué serviteur,*

« *R. Card.* MERRY DEL VAL.

« *Rome, 2 mai 1904.*

« *Monsieur Ernest Rupin, à Brive.* »

Peu de temps après, S. E. le cardinal Merry del Val m'honorait, sur le même sujet, d'une lettre flatteuse et des plus aimables, envoyée cette fois en son nom personnel. Elle est datée de Rome le 2 juillet 1904 et porte le numéro 6142 du registre de correspondance.

Dès que la première lettre me fut parvenue, je m'empressais de la mentionner dans la première édition de cette brochure dont j'envoyais un nouvel exemplaire à M. l'abbé Chastrusse, me bornant à dire que cette lettre était « la réponse que j'opposerai aux vives attaques dont j'ai été l'objet ». Elle m'a valu l'entrefilet suivant inséré dans *La Croix de la Corrèze*, le 19 juin 1904 :

« **Accusé de réception.** — Le Monsieur qui s'amuse au jeu des petits propos et des petits papiers avec une insistance qui fait vraiment pitié m'a envoyé un nouvel exemplaire de sa brochure non revue mais augmentée. Comme il est seul capable de prendre une lettre de *remerciements* pour une lettre *d'approbation*, je ne m'attarde pas à discuter sa prétendue « réponse ». Sans doute mon silence contrarie son besoin de réclame, mais j'ai mieux à faire. Qu'il prodigue davantage ses brochures et on lui fera l'aumône de quelques compliments. Le veau d'or a beau n'être qu'un veau, il trouve toujours des adorateurs.

C. »

Le Saint-Père daigne « accueillir favorablement mon ouvrage..... recommandable parce qu'il est consacré à l'un des plus illustres sanctuaires de la Vierge. En outre, louant la piété dont je donne ainsi la preuve, et l'empressement que j'ai mis à honorer Marie (1), Sa Sainteté m'envoie de tout son cœur sa bénédiction ».

Conclusion pour M. l'abbé Chastrusse :

Je suis un veau.

C'est spirituel, chrétien, d'une bonne éducation, édifiant dans la bouche d'un ministre catholique, respectueux pour la lettre du Saint-Père !

Une haute autorité ecclésiastique, qui a eu connaissance de cette édifiante polémique, m'adressait à ce sujet, une lettre fort sévère pour l'auteur de cet entrefilet, disant entr'autres choses : « Il est lamentablement grotesque votre contradicteur de *La Croix de la Corrèze*..... Le procédé des gros mots est absolument odieux chez un prêtre. »

De leur côté les Bollandistes, au chapitre des *Publications récentes*, annoncent et apprécient ainsi

(1) Le Saint-Père veut bien formuler ici son opinion personnelle sur les sentiments religieux de mon ouvrage et il me félicite de ces sentiments. Est-ce pour donner une leçon au Souverain-Pontife que M. l'abbé Chastrusse insinuera quelque temps après que pour lui ce n'est pas sa manière de voir, puisqu'il écrit, en parlant de mon ouvrage, que c'est « un livre soi-disant religieux ». (*La Croix de la Corrèze* du 28 août 1904. Article intitulé : *Un Pavé*.) Ceci se passe de tout commentaire ! E. R.

cette regrettable polémique, qu'il était facile à M. l'abbé Chastrusse d'arrêter s'il l'avait voulu :

« RUPIN ERNEST. *A propos de Roc-Amadour. Mon portrait par M. l'abbé Chastrusse, directeur de la « Croix de la Corrèze »*. Brive, Roche, 1904, in-12, VII-21 pp. — L'auteur du beau et bon livre dont nous avons parlé ci-dessus (p. 488-491), publie le dossier d'une discussion qu'il a eue naguère, à propos de cet ouvrage même, avec un journaliste. Incontestablement, M. Rupin a pour lui et le bon sens et le bon ton. » (*Analecta Bollandiana*, Bruxelles, 1904, p. 526.)

D'un autre côté, une autre publication religieuse, *Les Annales de philosophie chrétienne* (Paris, avril 1904, pp. 103 à 106), donne un long compte-rendu de mon travail et de la polémique soulevée par M. Chastrusse. J'y relèverai les passages suivants :

« Un point rend particulièrement cet ouvrage « digne de recommandation auprès du clergé : c'est « la partie où l'auteur examine la légende de saint « Amadour. Ce récit est depuis dix ans devenu très « important, parce qu'on a prétendu y découvrir un « argument capable de réhabiliter les traditions « apostolicistes. On l'a exploité pour rendre de « l'autorité aux légendes de saint Martial et de « saint Julien. Les meilleurs historiens ont pro- « testé ou sont resté sceptiques. M. Rupin tranche « la question en prouvant que la légende d'Ama- « dour a subi une interpolation frauduleuse. L'ar- « gument du *cursus* ruine donc une thèse en faveur « de laquelle on l'avait invoqué. On ne peut se « flatter néanmoins que la question soit close, « parce qu'il y aura toujours des gens que le sen- « timent ou l'intérêt empêcheront d'accepter les « conclusions de la science.

« Et en effet, aussitôt paru, le livre de M. Rupin

« a suscité des réserves. *La Croix de la Corrèze* a « émis le soupçon que l'auteur est « trop esclave de « sa passion du document. Examinons cette allé- « gation ».

Puis, après avoir discuté cette question et approuvé mes conclusions, l'auteur du compte-rendu s'exprime ainsi :

« M. Rupin montre qu'il n'est point un hyper- « criptique. Mais si sa critique est modérée, sa « polémique est fort vive. Avant de se lancer, les « légendaires qui auraient envie de lui chercher « querelle feront sagement de regarder comment il « traite un contradicteur. (*A propos de Roc-Ama- « dour. Mon portrait par M. l'abbé Chastrusse, « directeur de la Croix de la Corrèze.* Brive, avril « 1904) ».

Nous multiplierions les citations de bien d'autres revues qui, toutes, émettent les mêmes opinions, si nous avions l'espoir de faire ouvrir les yeux à M. Chastrusse. Mais nous savons que ce serait inutile. Bien que depuis longtemps il se soit cloué au poteau de la caricature, il est de ceux qui, une fois plongés dans le pétrin, ne savent pas en sortir et s'y enfoncent de plus en plus. Dans son aveuglement, il criera toujours : *Etiamsi omnes, ego non.* Qu'il nous attaque de nouveau ; qu'il nous insulte encore et encore. Nous ne lui répondrons jamais, pas plus que nous n'avons répondu à ses deux derniers articles de *La Croix*. Nous nous bornerons à répandre ses productions, à nos frais, mais à ses dépens.

En écrivant l'histoire, on ne doit pas s'écarter des règles sévères de la critique, qui, je le reconnais, font souvent s'évanouir bien de pieuses illusions et de poétiques souvenirs, mais avant tout on doit rechercher loyalement la Vérité. C'est ce que je me suis efforcé de faire en écrivant mon ouvrage sur Roc-Amadour, ayant présent à l'esprit ces quelques lignes tracées, au IXe siècle, par un pieux bénédictin de Saint-Denis : « Dieu et ses saints n'ont pas besoin de l'artifice du mensonge ; ils ne se plaisent que dans la Vérité en laquelle consiste toute la religion. » *Non enim Deum et sanctos ejus credo artifici mendacio delectari, sed veritate in qua religionis nostræ summa consistit.*

Je m'en rapporte en toute confiance au jugement éclairé des hommes impartiaux et sérieux. M'étant placé sous l'égide tutélaire de la Vérité, méprisant l'ignorance de mauvaise foi, qui ne discute pas et qui est toujours irréductible, je m'écrierai, avec nos aïeux : *La Vérité finit toujours par avoir raison*, et c'est cette vieille maxime que j'opposerai aux attaques futures.

ERNEST RUPIN.

Brive, Imprimerie Roche, 27, avenue de la Gare

295

www.ingramcontent.com/pod-product-compliance
Ingram Content Group UK Ltd.
Pitfield, Milton Keynes, MK11 3LW, UK
UKHW021531260726
13993UKWH00004B/1933

9 782019 938918